RUMO À POSSE!

Como passar (de primeira) em um concurso público difícilimo?

Marcos G. Cutrim

Dados Internacionais de Catalogação na Publicação (CIP)
(Câmara Brasileira do Livro, SP, Brasil)

Cutrim, Marcos G.
    Rumo à posse! [livro eletrônico] : como passei
(de primeira) em um concurso público dificílimo? /
Marcos G. Cutrim. -- 1. ed.
Ed. do Autor, 2023.
    ePub

    ISBN 978-65-00-63783-0

    1. Concurso público 2. Concurso público -
Metodologia 3. Concurso público - Preparação
4. Direito - Estudo e ensino I. Título.

23-147217   CDD-371.262

Índices para catálogo sistemático:

1. Concurso público : Preparação e métodos :
        Educação   371.262

SUMÁRIO

INTRODUÇÃO

Este livro foi inspirado no texto original que postei no Fórum de Discussões do concurso para procurador do Ministério Público do Trabalho (MPT), órgão do Ministério Público da União (MPU), em setembro de 2010. O fórum era administrado pelo jornal Correio Brasiliense, sendo um ambiente *on line* de discussão entre concurseiros e concurseiras que foi sucesso nas décadas dos anos 2000 e 2010.

No Ministério Público da União existem 2366 procuradores e procuradores, nos quatro ramos que o compõem: o Ministério Público do Trabalho (MPT), o Ministério Público Federal (MPF), o Ministério Público Militar (MPM) e o Ministério Público do Distrito Federal e Territórios (MPDFT).

O Brasil tem 1,3 milhão de advogados exercendo regularmente a profissão, segundo dados da OAB - Ordem do Advogado do Brasil.

No país, existem também um total de 18.035 juízes e juízas na Justiça Estadual, na Justiça do Trabalho, na Justiça Federal e na Justiça Militar.

Considerando uma população de 214 milhões de pessoas, **apenas 0,001% de brasileiros e brasileiras podem chegar ao cargo** de membro ou membra do Ministério Público da União (MPU). Já no MPT, **somente 0,0003% da população** pode chegar à carreira de procurador ou procuradora do Ministério Público do Trabalho, após aprovação nas 5 difíceis fases do concurso público de provas e títulos, cujo requisito para assumir o cargo é ter 3 anos de atividade jurídica após conclusão do curso de bacharel em direito, reputação ilibada (ficha limpa) e notório saber jurídico.

Contra todas essas probabilidades e contra mais de 7.000 candidatos e candidatas, adotei uma estratégia certeira – que você lerá nas próximas páginas - para eu passar de primeira nesse dificílimo concurso público.

APRESENTAÇÃO

Eu sou Marcos Gomes Cutrim. Casado, pai de duas garotinhas, neto de seringueiros - ex-soldados da borracha que fugiram dos seringais da Amazônia – e filho de uma ex-freira com retirante nordestino. Nasci no Rio de Janeiro – RJ, e minha primeira infância foi no Morro da Pavuna. Dos 7 aos 27 anos, vivi em Rio Branco – Acre, nos confins da Amazônia, num bairro periférico tomado, na época, pelo tráfico de drogas, alcoolismo e prostituição. Sou cristão.

No ano 2007, eu me graduei em Direito pela Universidade Federal do Acre. E fiz pós-graduação em Direito e Processo do Trabalho pela Universidade Anhanguera – São Paulo, no ano 2008. Sou considerado o primeiro "acreano" formado na Universidade Federal do Acre a ingressar na carreira do Ministério Público da União, tendo passado de primeira no concurso, após 11 meses de preparação, e atualmente exerço o cargo de procurador do Ministério Público do Trabalho. E talvez ainda seja o único "acreano" na instituição, pois não soube até hoje de outras pessoas da minha terra que, depois de mim, conseguiram essa façanha nessas mesmas condições.

Um dos meus hobbies é estudar sobre finanças, mercado financeiro e criptoativos. E por isso sou também especialista em Mercado Financeiro, Investimentos e Criptoativos com *MBA* em Investimentos e *Private Banking* pela Faculdade IBMEC do Instituto Brasileiro do Mercado de Capitais - IBMEC São Paulo. E pós-graduando em Direito dos Criptoativos e *Blockchain* pela Escola da Magistratura Federal (ESMAFE) do Paraná. Tenho Certificado Profissional em *Blockchain* e Disrupção Tecnológica pelo MIT – *Massachusetts Institute of Technology*. E sou certificado em curso de extensão em *Blockchain* e *Bitcoin* pela Pontifícia Universidade Católica do Rio de Janeiro (PUC-RJ). Já participei de diversos cursos de extensão em planejamento financeiro pela Universidade de Brasília (UnB), pela Escola Nacional de Administração Pública (ENAP) e pela Escola Nacional de Defesa do Consumidor do Ministério da Justiça. Sou ainda certificado investimentos (CPA-10 e CPA-20) pela ANBIMA – a Associação Brasileira das Entidades do Mercado Financeiro e de Capitais.

Fui procurador-chefe do Ministério Público do Trabalho (MPT) em Rondônia e Acre, nos biênios 2013-2015 e 2015-2017. E vice-procurador-chefe do Ministério Público do Trabalho no Amazonas e em Roraima, no biênio 2020-2021. E fui coordenador do Ministério Público do Trabalho em Ji-Paraná, Rondônia, entre os anos 2010 e 2011, e vice coordenador do Ministério Publico do Trabalho em Rio Branco, Acre, entre os anos 2012 e 2014.

Já coordenei a Área de Infância e Juventude do MPT em Rondônia e Acre voltada ao combate à exploração do trabalho de crianças e adolescentes (Coordinfância), entre os anos 2013 a 2017, atuando, especialmente, na promoção de políticas públicas, junto a estados e municípios, para a prevenção e erradicação do trabalho infantil, efetivação da aprendizagem nas empresas e em órgãos públicos, no combate à exploração sexual comercial, nas autorizações judiciais para o trabalho antes da idade mínima, no trabalho infantil doméstico e em lixões.

Coordenei, igualmente, o Combate ao Trabalho Escravo e Enfrentamento ao Tráfico de Pessoas (Conaete) no MPT no Acre e em Rondônia, entre os anos 2013 a 2015, e no MPT no Amazonas, entre os anos 2019 a 2021, dedicando-me, principalmente, ao combate ao trabalho em condições análogas às de escravo nas investigações de situações nas quais trabalhadores são submetidos a trabalho forçado, a servidão por dívidas, a jornadas exaustivas, a condições degradantes de trabalho – tais como alojamento precário, agua não potável, alimentação inadequada, desrespeito às normas de segurança e saúde no trabalho, falta de registro, maus tratos, violência.

Fui representante da Amazônia, pelo Ministério Público do Trabalho, perante o Conselho Nacional do Ministério Público (CNMP), entre os anos 2019-2021, na Comissão de Meio Ambiente.

E antes de tudo isso, entre os anos 2002 e 2010, trabalhei 8 anos na Justiça Federal – Seção Judiciária do Acre, nos cargos de técnico administrativo, supervisor do Juizado Especial Federal e diretor da Turma Recursal.

No início da minha carreira, estagiei no Tribunal de Justiça do Estado do Acre, em Cartórios Extrajudiciais de Registro das Pessoas Naturais e na 4ª Vara Criminal da Comarca de Rio Branco. E na Defensoria Pública da União – DPU, na Dataprev e em escritório de advocacia criminal.

Na época de concurseiro, fui aprovado em diversos outros concursos públicos, entre os quais, da Polícia Civil (no ano 2002, agente e escrivão) e Polícia Militar do Estado do Acre (no ano 2002, soldado), da Universidade Federal do Acre (no ano 2003, técnico, em 1º lugar), do Tribunal Regional Federal da 1ª Região (no ano 2007, analista judiciário – oficial de justiça) e do Ministério Público da União (no ano 2007, analista processual).

Em 20 anos de serviço público, tive a honra e a alegria de ver o meu trabalho reconhecido recebendo prêmios, comendas e honrarias de diversas instituições:

Menção Honrosa no Prêmio Innovare, na categoria juiz individual, em razão do projeto "Perícia na Ordem do Dia", na Justiça Federal do Acre (2008);

1º lugar no Prêmio Guarany do Tribunal Regional do Trabalho da 24ª Região, em razão do projeto "Perícia na Ordem do Dia" na Justiça Federal do Acre (2008);

3º Lugar no Prêmio Nacional de Estatísticas do Poder Judiciário, promovido pelo Conselho Nacional de Justiça (CNJ), em razão do projeto de gestão de vara federal da Justiça Federal com relatórios (2008);

Diploma Amigo do Corpo de Bombeiros do Estado de Rondônia (2015);

Prêmio Evaristo de Moraes Filho, da Associação Nacional dos Procuradores do Trabalho (ANPT), 1º lugar na categoria Melhor Arrazoado (Ação Civil Pública na promoção de políticas públicas e direitos humanos para trabalhadores migrantes e refugiados haitianos e de outras 12 nacionalidades, 2016);

Medalha Distinção da Inteligência Brasileira, concedida pela Agência Brasileira de Inteligência – ABIN (2016);

Ordem da Estrela do Acre, no Grau Grande Oficial, concedida pelo Governo do Estado do Acre (2017);
Medalha do Mérito, concedida pelo Ministério Público do Estado do Acre (2018);

Medalha do Mérito Coronel Fontenele, concedida pela Polícia Militar do Estado do Acre (2018);

Medalha do Mérito Governador Jorge Teixeira de Oliveira, concedida pelo Governo do Estado de Rondônia e pela Secretaria de Estado de Segurança Pública de Rondônia (2018);

Vencedor do Prêmio CNMP 2018 – do Conselho Nacional do Ministério Público, em 1º lugar na categoria Indução de

Políticas Públicas, em razão do projeto "Se a Vida Ensina, Eu Sou Aprendiz" (2018);

Diploma Amigo da Delegacia Fluvial de Porto Velho, concedido pela Marinha do Brasil (2019);

Voto de Louvor da Assembleia Legislativa do Estado de Rondônia, recebido em reconhecimento à importante contribuição pela atuação no combate ao trabalho infantil no Estado de Rondônia (2019).

Sou coautor da obra ***Ministério Público do Trabalho: questões comentadas e resolvidas***, da coleção Carreiras Específicas, da Editora Saraiva, lançado no ano 2013.

Recentemente, lancei minha primeiro livro de educação financeira para servidores público, pela Amazon, intitulado ***Adeus, empréstimos! A jornada de um servidor público para sair das dívidas e se tornar investidor***, dispon[ivel na loja Kindle.

Um dos pontos altos de minha carreira, até aqui, foi conseguir firmar um acordo judicial, no ano 2016, com o Estado do Acre, perante a Justiça do Trabalho, para a instalação da Unidade de Prevenção ao Câncer do Hospital de Barretos, o Hospital do Amor da Fundação Pio XII, na cidade de Rio Branco – Acre, voltado à prevenção, ao atendimento e ao tratamento gratuito do câncer de mama, colo do útero e de próstata. Nesse acordo, foram doadas duas carretas com mamógrafos móveis para realizar exames na população feminina ao longo da BR-364 – a rodovia federal que liga o Acre ao restante do país.

Estou disponibilizando para você nas próximas páginas absolutamente tudo o que fiz (na época) para passar, de primeira, no difícílimo concurso público para ingresso no Ministério Público da União - Ministério Público do Trabalho.

Alguns livros indicados estão desatualizados. Outros livros específicos surgiram no mercado. Alguns cursos já não existem mais, surgindo novos cursos preparatórios e específicos para o concurso. A bibliografia recomendada para o concurso do Ministério Público do Trabalho pode variar dependendo da banca examinadora, da área do cargo em questão e da especificidade do edital. Essas são apenas algumas sugestões de obras e autores que podem ser úteis para sua preparação. Lembre-se de sempre consultar o edital do concurso para saber quais são as matérias e os temas específicos que serão cobrados na prova.

Espero que minhas dicas e estratégias ajudem você de alguma forma a encontrar a sua estratégia e ser aprovad@ no cargo que sempre sonhou.

Só depende de você. Quando acabarem suas desculpas, começarão seus resultados.

Então, rumo à posse!

Marcos G. Cutrim
Terra da garoa, fevereiro de 2023.

Instagram: @marcosg.cutrim
Facebook: @marcosg.cutrim
e-mail: marcosgcutrim@gmail.com

Setembro de 2010. Numa noite de primavera com temperatura agradável na Amazônia, as cigarras cantando por toda a cidade, já entrando pela madrugada adentro, escrevo essas páginas da varanda do meu apartamento, tomando chimarrão e ainda bastante emocionado por acabar de ser aprovado no concurso, para tentar exprimir o que sinto e ajudar as pessoas a acreditarem em si mesmas e em seu potencial para vencer na vida.

CAPÍTULO 1

"É impossível passar num concurso desse!"

O concurso público é uma "corrente do bem", como diz uma amiga do Correioweb.

Por isso, depois de uma **MEGAVITÓRIA**, não me sentiria plenamente feliz se não compartilhasse com vocês a minha breve-longa caminhada até o pódio.

Em relação às dicas, o que posso, num primeiro momento, é descrever o método que utilizei, baseado nas dicas de preparação de colegas já aprovados em concursos anteriores.

A-T-E-N-Ç-Ã-O: desde já, alerto que essa foi a minha experiência, que certamente não será igual a sua. É a minha forma de pensar. Foi o meu modo de agir e as minhas estratégias durante a preparação. São opiniões pessoais e convicções de algo que deu certo para mim.

Assim como a grande maioria dos brasileiros, vim de baixo, muito baixo. Nasci no Rio de Janeiro e cheguei ao Acre na véspera de Natal de 1989, ainda criança. Meus pais eram assalariados e morávamos na periferia de Rio Branco, numa casinha de madeira bem humilde, no quarteirão (cortiço) do meu avô materno. Na verdade, morei no subúrbio de Rio Branco durante 15 anos, e só saí de lá quando no ano 2005.

Meus pais investiram tudo o que tinham e o que não tinham na minha educação e na da minha irmã, pois sabiam que essa era a única válvula de escape social para nós dois. Estudei em escolas públicas, mas fiz o ensino médio em uma escola particular em virtude do enorme esforço de minha família.

Existem momentos na vida da gente que tudo insiste em dar errado. Entretanto, há ocasiões em que tudo conflui a seu favor, tudo dá certo, você aprende a pensar da forma correta, a tomar as decisões certas, a andar com pessoas que querem seu bem, os ventos mudam de direção...

Uma colega de trabalho me disse que "quem passa em concursos de alta complexidade é quem está no seu melhor momento". Pode ser, pode não ser.

O concurso público do MPT é uma guerra com várias batalhas. Batalhas diárias, semanais, mensais e até anuais. Quanto mais batalhas você vencer, mais pavimentado estará seu caminho para a glória.

Esqueçam aquela velha história de "concurso se faz até passar". Para mim, **CONCURSO SE FAZ PARA PASSAR**, porque é necessário dar o sangue, colocar a faca nos dentes e aproveitar a oportunidade como se fosse a única e a última. O cavalo passa...

Nunca tinha dado tudo de mim para passar em um concurso. Perdi excelentes oportunidades. Não me arrependo. Não costumo ficar lamentando. Não olho para trás, senão para corrigir erros.

Entrei no XVI Concurso do MPT para ser aprovado de primeira, ainda que tenha ouvido de alguém que "em um concurso desse só se passa depois de 4 anos de estudos". Nessa caminhada, **houve quem me disse que era IMPOSSÍVEL!** Pensei: "d@ne-se". Venci as quatro grandes batalhas de uma guerra. Uma guerra individual de mim contra mim mesmo. Busquei me motivar e me empolgar a cada dia de estudo, sempre focando a posse. Sou conhecido nos grupos de estudo pela frase **"RUMO À POSSE"**, que sempre colocava ao final de cada mensagem que postava, porque esta era a minha meta, o meu troféu, a minha medalha de honra ao mérito. E eu a conquistei!

Não há nada de mágico. Não existem fórmulas. Não há segredos. Não tem um padrão a ser seguido. Apenas muita concentração, disciplina, foco, compromisso, responsabilidade, estratégias e **MUITA VONTADE DE NUNCA MAIS ESTUDAR PARA CONCURSO!**

E, é claro, de "ser dono do meu próprio nariz", quero dizer, de pensar, elaborar e assinar suas próprias convicções. E, sobretudo, de construir um país mais digno, justo, solidário e igual, de ser um agente transformador de uma verdadeira nação de todos.

Aproveite cada minuto do seu precioso tempo para construir seu capital intelectual: folgas, feriados, finais de semana, consultórios, trânsito, academia, voos, banheiro etc. Depois do concurso você volta a suas futilidades.

Não acredite em sorte! Ninguém passa em um concurso com 4 fases por ter nascido de bruços para a lua. Se alguém lhe disse isso um dia, passe uma borracha e ponha as mãos à obra.

Descubra qual é o seu limite. E aprenda a superá-los. Sono? Família? Falta de tempo? Dívidas? Filhos? Problemas de saúde? Há jeito para tudo.

Tem mais: você terá que ser egoísta. Um egoísmo bom, no sentido de que você terá que pensar mais em si mesmo, no seu futuro, nos seus estudos, na sua aprovação, acima de qualquer outra coisa - só não de Deus, obviamente. Enquanto você continuar deixando a programação da Rede Globo, as novelas, o BBB, os passeios, as baladas, o futebol, a cervejinha etc., mandando na sua vida, esqueça qualquer pretensão de passar num concurso desse gênero.

Roberto Shinyashiki diz: "O sucesso é construído à noite! Durante o dia você faz o que todos fazem. Mas, para obter um resultado diferente da maioria, você tem que ser especial. Se fizer igual a todo mundo, obterá os mesmos resultados. **Não se compare à maioria, pois infelizmente ela não é modelo de sucesso.** Se você quiser atingir uma meta especial, terá que estudar no horário em que os outros estão tomando chope com batatas fritas. Terá de planejar, enquanto os outros permanecem à frente da televisão".

Se o seu maior vilão é o tempo, SE VIRA! Ninguém trabalha mais do que 10h por dia (se trabalhar, estará sendo escravizado). Sobram 14h. Um ser humano normal dorme 8h diárias (restam 6h, mas dá para passar a dormir umas 5h e estará de bom tamanho). 3h são dedicadas às tarefas domésticas, higiene e necessidades fisiológicas (banhos, café, almoço, janta, lanche, sexo, trânsito etc.). Ainda restam 3h (+2h = 5h, se diminuir o tempo de sono), o suficiente para desenvolver um bom estudo diário.

AUTOCONFIANÇA: foi essa palavrinha que tentei manejar todos os dias. Antes da prova oral, estava tão confiante que consegui abrir o cadeado de um cidadão que se acorrentou nas escadarias da JF onde eu trabalhava. O cara chegou cedo na JF, passou uma corrente no corrimão de acesso à entrada da Seção Judiciária, conseguiu se "algemar" e disse que só sairia dali depois que tivesse seu processo resolvido. Ele era soldado do Exército, sofreu um acidente em serviço, foi licenciado pelas Forças Armadas, em vez de ser reformado. Muitos colegas tentaram demovê-lo da ideia de ficar ali, todo o setor de segurança da seccional, o Defensor Público Federal... Quando soube da história, pensei: por que não tentar? Fui lá, conversei com o jurisdicionado por 5 minutos e de repente ele me deu as chaves do cadeado e consegui desacorrentá-lo. Tudo na base da autoconfiança, porque o cidadão era um doido varrido, não falava nada com nada. (kkkkkkkkk!)

Chega de delongas.

Então, vamos lá. Era uma vez...

CAPÍTULO 2

"Naquela época era mais fácil."

Desde meados de 2006, eu vinha "monitorando" o concurso do MPT. Dali a um ano, colaria grau. Na época, havia em torno de 150 vagas abertas. Percebi que aprovavam, no máximo, 30 a 40 candidatos por ano. Mentalizei que até completar os 3 anos de atividade jurídica, em abril de 2010, ainda haveria vagas – se a média de aprovação se mantivesse. Eu me formei em abril de 2007. E completei a atividade jurídica no meio do concurso, logo após a 2ª e 3ª fases (em abril de 2010).

O MPT foi o meu primeiro concurso na área trabalhista!

Antes disso, só havia prestado cinco concursos da área jurídica: AGU (2007 e 2009), procurador do município (2007), juiz federal (2009) e procurador da República (2008) - e, óbvio, os de técnico e analista de tribunais federais e MPU. Nunca fiz concurso para a magistratura trabalhista, nem para técnico ou analista. Jamais advoguei.

Fui servidor de carreira da Justiça Federal. Ingressei na JF como estagiário em 2002, mas já havia sido aprovado no concurso para técnico judiciário em 2001. Em 2004, fui nomeado no cargo. Fui supervisor, diretor e ainda fui aprovado no concurso para Oficial de Justiça. Recusei ser assessor de juiz, embora tenha tido alguns bons convites.

Sempre acompanhei o Correioweb ("http://forum.concursos.correioweb.com.br/"), no tópico relativo ao MPT, e - em 2007 - descobri o Partilhando ("partilhando@yahoogrupos.com.br") e outros grupos do Yahoo! para o MPT ("concurso_mpt@yahoogrupos.com.br"). Este é o melhor de que já participei, formado por aprovados na 1ª fase do XVI Concurso do MPT).

Cansado de ter levado bomba nos concursos federais de 2007, resolvi - em agosto de 2008 - inscrever-me na 1ª Turma de Pós-graduação de Direito Material e Processual do Trabalho do LFG em parceira com o Núcleo Trabalhista Calvet e a UNIDERP - Universidade para o Desenvolvimento da Região do Pantanal Mato Grossense. Aqui no meu Estado não há mestrado, nem doutorado, tampouco especialização na Universidade Federal.

A pós-graduação serviu para me iniciar em grandes temas do direito do trabalho e do processo do trabalho e aprender, pelos menos, o "basicão". Os grandes nomes do direito do trabalho e do processo do trabalho desfilaram seus conhecimentos por lá: Maurício Godinho Delgado, Raimundo Simão de Melo, Carlos Henrique Bezerra Leite, Otávio Calvet, Rodrigo Carelli, Berthier, Dallegrave etc. Frequentar o ambiente de cursinho deu-me um gás para querer começar a estudar para concursos de maior complexidade.

Lembro-me que, num dos primeiros dias da pós do LFG, encontrei uma colega que é procuradora do município aqui na cidade "abraçada" com aquela antiga edição da capa verde do livro do Carlos Henrique Bezerra Leite (Ministério Público do Trabalho). Pressenti: estou no caminho certo. E, realmente, a colega - no XV concurso do MPT (2008/2009) - chegou até a 3ª fase do concurso, na qual foi reprovada (vibrei ao saber que meu intento era possível, porque ela não foi para a oral por muito pouco).

Acompanhei com muita atenção o XV concurso do MPT. Na 2ª fase, houve uma grande aprovação e cheguei a pensar que os meus "planos" estariam indo por água a abaixo, pois seriam preenchidas todas as vagas. Para minha surpresa, só passaram em torno de 35 para a oral, mantendo-se a minha "estatística" de aprovados e a esperança de concurso em 2009. Bem, Deus sabe o que faz...

Voltando aos grupos de estudos, comecei a fazer um **DOSSIÊ** com dicas e bibliografia para o concurso do MPT. Esse dossiê foi feito com dicas de vários Procuradores do Trabalho aprovados nos últimos concursos (XIII, XIV e XV Concursos – 2006, 2007 e 2008), normalmente postadas no Partilhando ou no Correioweb ao fim de cada concurso. O método é relativamente parecido. Há estratégias para todas as fases. Imprimi essas dicas e encadernei e - numa bela noite de verão - resolvi ler tudo e estabelecer uma estratégia. Isso ainda no segundo semestre de 2008.

No entanto, em 2008, minha mãe sofreu vários problemas de saúde - cardiopatia grave. Eu, ela e minha irmã viajamos para Goiânia diversas vezes. Fiz 5 empréstimos, fiquei completamente endividado e pensei que meu mundo havia acabado ali - não por causa das dívidas, mas pelo excesso de problemas (e seus reflexos em outros aspectos da vida pessoal) que tive de resolver, sempre priorizando a saúde de minha amada genitora. Aqui no Estado (moro no Acre) não há cirurgias de alta complexidade, sequer exames médicos elementares como cateterismo ou cintilografia. Num domingo, ela sentiu uma forte dor no peito, e no dia seguinte nós já estávamos em Goiânia. Os exames diagnosticaram que havia obstrução de 95% da artéria do tronco do coração, onde entra o sangue para o órgão. Lembro que só uma passagem aérea com preço de balcão da Gol de Rio Branco para Goiânia custou R$ 2.000,00, sem contar hotel, táxi, alimentação, cirurgias, UTI, remédios etc. E o problema se agravava cada vez mais, de modo que, no final das contas, ela fez três cirurgias cardíacas num intervalo de seis meses, durante 2008. Graças a um milagre de Deus, em novembro de 2008 minha mãe ficou curada.

Depois de toda a turbulência de 2008, resolvi pedir a Deus que me desse sabedoria, inteligência e discernimento e muita força de vontade para voltar a estudar. Que protegesse minha família também. E tenho pedido isso todos os dias e todas as vezes que faço minhas orações.

Em 2009, tive um ano muito tranquilo e visualizei que o concurso do MPT sairia por volta de outubro de 2009. Pedi férias para esse mês, licenças, folgas eleitorais, emendei com o recesso de fim de ano e férias do ano seguinte, enfim, tudo o que tinha direito. Fiquei em casa do início de outubro/2009 a início de fevereiro/2010. Até então, não havia conseguido ler nada do meu dossiê, nem um único livro, tampouco a legislação e a jurisprudência, mas vinha acompanhando os debates na pós.

No dia 03 de outubro de 2009, resolvi ler o dossiê novamente, já sabendo que sairia o edital a qualquer momento. Já estava em férias. Intensifiquei os estudos e aproveitei cada minuto do meu tempo, até na hora de fazer necessidades fisiológicas básicas, rsrsrs. Foi dedicação total e exclusiva! Nada na minha vida a partir de então era mais prioritário do que o concurso. Passar no MPT era minha "ordem do dia". Nem família, nem casamento, nem filhos, nada. Me dediquei de corpo e alma ao concurso. Troquei os horários: dormia durante o dia e virava a noite até o dia amanhecer.

Decidi ler, para começar:

- Gustavo Filipe Barbosa (Curso de Direito do Trabalho);

- Renato Saraiva (Curso de Direito Processual do Trabalho – não é o da Série Concursos).
Dois livros excelentes (mais de 2000 páginas, se somados), na medida em que ambos são Procuradores do Trabalho.

E por volta do dia 09 de outubro de 2009, o MPT solta o edital. Dei Glória a Deus e mentalizei que se eu passasse na 1ª fase daria minha vida e todas as minhas forças para ser aprovado nesse concurso. Decidi, então, que faria todos os cursos específicos que aparecessem, seja lá aonde fosse. Entreguei todos os meus propósitos em relação a esse concurso nas mãos de Deus. Desde então, passei a dormir das 18h às 22h (às vezes até às 23h ou 0h, dependendo do cansaço) e ficar o dia todo acordado, inclusive nas madrugadas (o melhor horário que encontrei para estudar, pois é quando a casa está "quieta"). Adaptei esse novo horário de sono, já pensando na volta ao trabalho, em fevereiro de 2010 (um mês antes das provas de 2ª e 3ª fases), para o corpo já ir se acostumando com a ideia. Fui notívago, na época dos estudos para o vestibular.

Paralelamente à leitura dos livros (li primeiro o do Gustavo - inteiro - e depois o do Renato Saraiva - também inteiro), li todas as leis trabalhistas (CLT e normas materiais e processuais esparsas). Li o CC/2002, o CPC inteiro e a CRFB/88. Li o livro de Súmulas e OJs do TST por completo - três vezes - antes da 1ª fase. Só deu para estudar praticamente isso.

Lia geralmente 100 Súmulas por dia, pois só havia 60 dias do edital até a prova. Em direito comercial, li as sinopses da Saraiva. Em direitos humanos, fiz a leitura das principais convenções da OIT e as estudei durante 6 horas no voo de Rio Branco a São Paulo, quando fui fazer o FMB em Sampa, no final de semana anterior ao da prova da 1ª fase (li an passant Flávia Piovesan no avião - em ritmo de leitura dinâmica, buscando os pontos principais - e as 8 principais convenções da OIT).

Lembro ainda de ter lido um resumo de direito internacional da editora Verbo Jurídico. Li no Código Penal os crimes contra a organização do trabalho.

Ufa!

CAPÍTULO 3

"Mil cairão ao teu lado, dez mil à tua direita; mas tu não serás atingido."

No final de semana antes da prova, início de dezembro, fui a São Paulo fazer um curso intensivo no FMB de resolução de questões - de sábado a domingo -, com a professora Vera Carlos, Procuradora do Trabalho da PRT2. Na ocasião, resolvemos as três últimas provas do MPT (1ª fase). O curso terminou no domingo, às 17h, e ainda deu tempo de ver na TV o Mengão ser HEXACAMPEÃO BRASILEIRO, num bar localizado na Paulista, na "Prainha". Além disso, ao retornar a Rio Branco, ainda consegui assistir a algumas aulas on-line do Curso Renato Saraiva para a 1ª fase do MPT - só que resolvi fazer esse curso tarde, e não consegui assistir a todas as aulas. O curso é excelente.

Assisti, ainda nesse período de 60 dias antes da prova da 1ª fase, às aulas do curso de Carreiras Trabalhistas do Praetorium On Line, com o professor Henrique Correia (direito do trabalho) e com o professor Marcelo Moura (processo do trabalho) e algumas aulas de direito constitucional com o prof. Márcio Luis. Comecei a assistir a partir de outubro de 2009 e assistia, em média, a uma ou duas aulas por dia (cada aula custa R$ 13,00 e dura 1h40min, do curso Carreiras Trabalhistas). As aulas eram excelentes.

Nunca fiz cursinho preparatório sistematicamente. Nem LFG, Damásio, nem Praetorium, tampouco Marcato, só a pós no LFG - que é pós-graduação mesmo e não cursinho casado com pós - e os cursos para a 1ª, 2ª, 3ª e 4ª fase do MPT no decorrer do concurso, mas deveria ter sido mais prudente e ter feito. Foi pura acomodação e as adversidades da vida. Não me pergunte como consegui fazer isso tudo em 60 dias, mas me dediquei muito, só Deus sabe o quanto não dormi! E haja mate, chimarrão, açaí power, guaraná, para aguentar o tranco.

Na madrugada da prova da 1ª fase, no desespero, li aqueles resumões de plástico de civil, comercial, administrativo, trabalho, processo do trabalho, direitos humanos, quase todos com matérias da 1ª fase.

Na manhã da prova da 1ª fase - fiz em Porto Velho/Rondônia, pois aqui em Rio Branco não é sede de PRT, mas de PTM -, acordei às 4h da manhã, fiz meu café da manhã no quarto do hotel (de atleta, hehehe), ajolhei-me, na verdade me prostei como os muçulmanos, li o Salmo 91 (de proteção) e pedi a Deus sabedoria, inteligência e discernimento para enfrentar a prova.

O Salmo 91 diz:

Aquele que habita no esconderijo do Altíssimo, à sombra do Todo-Poderoso descansará.
Direi do Senhor: Ele é o meu refúgio e a minha fortaleza, o meu Deus, em quem confio.
Porque ele te livra do laço do passarinho, e da peste perniciosa.
Ele te cobre com as suas penas, e debaixo das suas asas encontras refúgio; a sua verdade é escudo e broquel.
Não temerás os terrores da noite, nem a seta que voe de dia,

nem peste que anda na escuridão, nem mortandade que assole ao meio-dia.

Mil poderão cair ao teu lado, e dez mil à tua direita; mas tu não serás atingido.

Somente com os teus olhos contemplarás, e verás a recompensa dos ímpios.

Porquanto fizeste do Senhor o teu refúgio, e do Altíssimo a tua habitação, nenhum mal te sucederá, nem praga alguma chegará à tua tenda.

Porque aos seus anjos dará ordem a teu respeito, para te guardarem em todos os teus caminhos.

Eles te susterão nas suas mãos, para que não tropeces em alguma pedra.

Pisarás o leão e a áspide; calcarás aos pés o filho do leão e a serpente.

Pois que tanto me amou, eu o livrarei; pô-lo-ei num alto retiro, porque ele conhece o meu nome.

Quando ele me invocar, eu lhe responderei; estarei com ele na angústia, livrá-lo-ei, e o honrarei.

Com longura de dias fartá-lo-ei, e lhe mostrarei a minha salvação.

Foram quase 8 mil inscritos no concurso do MPT, cujas provas foram aplicadas em 24 capitais e DF.

Acredite se quiser: terminei a prova em menos de 2h e a revisei por completo, tendo entregado o caderno de prova com 3h30min. Isso se deveu aos treinos que fazia em casa das últimas 3 provas do MPT e mais 3 provas da magistratura trabalhista (TRT1, TRT2 e TRT3) e às técnicas de leitura dinâmica (livro do William Douglas). Ainda deu para comer durante a prova três chokitos e tomar 1 Gatorade de uva.

E graças a Deus consegui obter 62 pontos (69 acertos, 25 erros, 6 não respondidas), já com o gabarito definitivo. Lembrando que no MPT 3 erradas anulam 1 certa.

A 1ª fase do MPT requer muito preparo físico, intelectual e espiritual, pois se você não estiver em equilíbrio ou ficar muito disperso, você não consegue concluir a prova. A prova é muito extensa (60 páginas) e tem muita, mas muita pegadinha. E o tempo é curtíssimo (4 horas). Lembro de muita gente ter reclamado no Partilhando e no Correioweb de não ter conseguido concluir a prova.

Depois da prova, como foi feita no maior shopping em Porto Velho, fui relaxar, almocei, assisti a um filme, passeie com alguns amigos que fizeram a prova junto comigo e fiz algumas compras, pois ninguém é de ferro. (kkkkkkkkk!)

Ao retornar do shopping, conferi o gabarito e percebi que tinha cumprido a meta: acertado 70% das questões, o número mágico de aprovação em qualquer concurso.

Li quase 100% dos livros constantes das dicas abaixo, no decorrer do concurso.

Na 2ª e 3ª fases (prova subjetiva e prova prática), fiz o curso Renato Saraiva On Line para 2ª e 3ª fase (R$ 600,00) e o curso on line do Toga/Rio de Janeiro (R$ 1.500,00). Ambos são excelentes. Serviu-me como revisão, pois muitas dessas aulas que foram ministradas eu já tinha estudado ou tinha tido contato com o tema. Como treino, respondi as últimas provas do MPT, tanto da 2ª fase quanto da 3ª fase (do XII ao XV concurso).

Em janeiro de 2010 (já pressentindo que seria aprovado), a ENAMAT do TRT 9 (Paraná) abriu um curso específico para 2ª e 3ª fases do MPT. Fui a Curitiba. O curso seria de uma semana. Foi cancelado. Então, como já estava lá, decidi ficar estudando no hotel e lendo as revistas da ANPT. Do lado do hotel, tinha uma lanchonete Subway 24h. Como estudar + ansiedade me dá muita fome, devo ter engordado uns 10 quilos comendo aqueles sandubas de 30cm. (kkkkkkkk!)

Como em time que está ganhando não se mexe, nas semanas antes das provas de 2ª e 3ª fase – final de fevereiro e início de março - fui a São Paulo fazer o curso do BFGT para as 2ª e 3ª fase (R$ 800,00). Como já tinha voltado a trabalhar, pedi autorização ao meu chefe – e graças a Deus ele autorizou. Reafirmei meu compromisso de fazer todos os cursos que o tempo e o dinheiro me permitiriam até o dia da prova. Lembrando que, a partir do início de fevereiro/2010, não tinha mais férias, folgas, nada. Continuei a dormir assim que chegava em casa do trabalho, por volta das 18h, até às 22h ou 23h, quando acordava e iniciava os estudos até amanhecer e, aí sim, tomava banho, café da manhã e saia para a JF (lá pelas 8h ou 9h).

Entre as provas de 2ª (subjetiva) e 3ª fase (prática), há um intervalo de uma semana. Você faz a prova prática, sem saber se passou na 2ª fase. Durante a semana entre as provas, intensifiquei os treinos da Ação Civil Pública e olhei algumas outras ações que são propostas pelo MPT (recurso de revista, dissídio coletivo, improbidade administrativa etc.). Nos dias de prova, repeti minhas orações, como na primeira fase. Da 1ª a 2ª e 3ª fases, houve um intervalo de 90 dias, tempo suficiente para adquirir bagagem teórica para enfrentar as questões e a Ação Civil Pública, a peça processual que sempre era cobrada na 3ª fase do concurso.

Ressalto que dos livros constantes nas dicas abaixo, creio que em torno de 75% foram lidos durante esses 90 dias entre a prova de 1ª fase (meados de dezembro/2010) e as 2ª e 3ª fases (meados de março de 2010). Só parei na noite de Natal e do Réveillon, ainda assim com um remorso enorme por não estar estudando.

Em relação às estratégias, como dito, segui rigorosamente todas as dicas a que tive acesso para estudar para a 1ª, 2ª, 3ª e 4ª fases. Se você puder ler já com antecedência as últimas revistas da ANPT (da 33 a 39 - de 2007 a 2010 - www.anpt.org.br), pelo menos, já antecipará sua preparação para a 2ª e 3ª fase, bem como vai lhe dar uma visão melhor sobre a atuação e a forma de pensamento do MPTista.

No final de março, o MPT publicou o resultado da 2ª fase. E em abril o da 3ª fase. Com o resultado da 3ª fase, pensei: "já sou ¾ de procurador do trabalho". (kkkkkkkkk!)

CAPÍTULO 4.

A prova mais temida por qualquer pessoa: a prova oral.

Sabia dos desafios para a prova oral. Foi muito difícil – diante de tantas incertezas, angústias, inquietações – conseguir estudar entre abril e setembro de 2010, quando foram realizadas as provas orais. Nesse momento, fazer parte do grupo do Yahoo! (concursos_mpt) ajudou a todos dividir essas angústias. Ainda assim, consegui vencer o desânimo e iniciar os estudos para a prova oral. E ainda teve a Copa do Mundo no meio disso tudo. Lembro que assistimos a Brasil x Portugal num restaurante japonês nos Jardins, em São Paulo, pois estava na ocasião fazendo o curso CJT (R$ 1.300,00) junto com um grupo de 20 amigos para a prova oral (ninguém nem ligou muito para o jogo, era mais importante para nós estarmos ali unidos e apoiando um ao outro).

Depois do CJT, fiz o curso BFGT (R$ 700,00), em São Paulo. Outro curso que recomendo. Os professores Ney e Maurílio têm muita experiência com prova oral.

O Curso Toga/RJ ofereceu um curso para oral com revisão geral em 15 aulas on-line (R$ 500,00), em meados de julho.

E, por fim, duas semanas antes das provas orais, fui ao Rio de Janeiro fazer o simulado do Curso Toga (gratuito) e assistir aos simulados dos outros colegas. Chegar ao RJ para fazer o Toga foi uma sensação muito boa. Nasci e morei no RJ na década de 80, e cheguei ao Acre na véspera de

Natal de 1989. Fazia 20 anos que não retornava à minha terra. Fiquei emocionado quando pisei no Galeão. Passou um filme da minha vida: lembrei do dia em que a gente saiu do RJ e foi para o Acre... Quando você chegar ao Toga para fazer o simulado da prova oral, esteja certo de que, daí para frente, o cargo está nas suas mãos. Você só não será aprovado se conseguir autodestruir-se na prova oral.

4ª fase: a prova oral. Chegar a Brasília foi um grande desafio. Nessa época (agosto a setembro), há muitas queimadas e a cidade fica completamente tomada pela fumaça. O aeroporto fecha por falta de visibilidade. Há dias em que você não consegue enxergar mais do que 50m a sua frente (como se fosse uma neblina que dura o dia todo). Os rios secam. Vejam a minha situação: na semana anterior à prova oral, os dias foram os mais "fumacentos" do período. O aeroporto ficou fechado várias vezes durante a semana. A saída seria o transporte terrestre. Contudo, em virtude da seca dos rios, o Rio Madeira que fica na divisa entre Acre e Rondônia – na BR-364 que liga o Acre ao resto do Brasil - estava seco. Para atravessá-lo, não há ponte e sim balsas. As balsas estavam encalhando. Havia alerta de falta de gasolina na cidade... Eu cheguei a pensar em ir de carro para a Bolívia, pegar um voo até a Argentina e entrar no Brasil via Santa Catarina. Acreditem se quiser.

Enfim, apesar das adversidades climáticas, o aeroporto abriu e cheguei a Brasília sábado à noite. Minha prova seria na quinta-feira pela manhã.

Nesse meio tempo, conheci muitos colegas de grupo e revi outros que já conhecia. Durante toda a semana, o ambiente era relativamente festivo, afinal estar em Brasília com a nata brasileira do concurso público prestando prova oral no concurso mais difícil do mundo para **O MELHOR CARGO DA REPÚBLICA** "não tem preço" (e você lembra que é um pedacinho dessa nata flutuando no leite, rsrsrsrs). Todos dividiram suas angústias, dúvidas, inquietações. Ao mesmo tempo, um tentava ajudar o outro - é aquela história: um por todos e todos por um.

Almoçava e jantava sempre com um grupo de amigos, no Brasília Shopping. Isso ajudou muito a gente a ter uma noção do que estava acontecendo nos dias de prova, na medida em que a gente quase sempre encontrava algum conhecido que fizera prova naquele dia na praça de alimentação. Fiz uma visita ao prédio onde se realizavam as provas, apenas para "reconhecimento de campo", mas não assisti a nenhuma prova oral.

Para mim, **o pior de tudo FORAM AS 24 HORAS QUE ANTECEDERAM A PROVA ORAL.** Nunca me vi tão tenso, tão nervoso, com a pressão arterial na casa dos 20 por alguma coisa. Não consegui dormir, não consegui comer direito. Resultado: estudei o dia todo na pressão como forma de passar o tempo. Comecei às 8h e terminei por volta das 23h30min. Eu revisei quase o edital todo *an passant*, em 24h (inspirei-me no Jack Bauer). A impressão que tive foi que quarta-feira antes da prova deve ter sido o dia mais longo de toda a minha vida!

Essa revisão serviu, até certo ponto, para me dar mais segurança na hora da prova.

Finalmente, quinta-feira, dia de prova: acordei às 05h40min. Estava hospedado em frente ao prédio da prova, no Mercure Líder. Fui à sacada, prostei-me no chão e olhando em direção ao *Corporate City* fiz minha oração, clamei a Deus para me dar inteligência, sabedoria, discernimento, para que removesse todos os obstáculos, como fiz em todas as fases, e li o Salmo 91 (o salmo da minha vida). E encerrei agradecendo ao Todo Poderoso por me oportunizar estar ali naquele momento.

Na antessala onde ficam os candidatos, o clima foi o melhor possível. Tornou-se ainda melhor com a palestra do Dr. Ronaldo Fleury (Secretário do Concurso), que nos tratou como se procuradores já fôssemos, certamente para nos acalmar. Foi um baita alento. Nos primeiros 30 minutos, debati com um colega do Sul sobre a composição do CNMP. Ele havia esquecido. Uns 20 minutos depois, ele foi chamado. Após encerrar sua prova, ele retornou à antessala para me agradecer, pois a composição do CNMP foi uma das questões que lhe perguntaram na prova. (kkkkkkk!)

Falamos de outro tema também, como o trabalho aquaviário, que surpreendeu uma das colegas que não conseguiu êxito na oral.

O último candidato a entrar na sala de espera foi um senhor deficiente visual (que deveria ter em torno de 55 anos ou mais), amparado por sua mãe. Ele sentou próximo a mim. Disse-me que era seu terceiro oral, pois já tinha sido reprovado em dois para Procurador da República (em um deles por meio ponto). E estava muito desesperançoso. E então lhe disse: "O MPF NÃO LHE MERECE". Ele foi o terceiro ou quarto pela ordem de arguição. Após sua prova, ele retornou à antessala, olhou para os céus e lacrimejando disse-nos: "É MUITO EMOCIONANTE". Dei-lhe um abraço emocionado e os parabéns por ser o mais novo Procurador do Trabalho, com louvor!

Por volta das 11h, fui chamado pela servidora da Comissão de Concurso. Fiquei em torno de 5 minutos no corredor do auditório, esperando o colega terminar sua arguição. Como todos já disseram, a banca foi muito cortês e educada. Nunca me senti tão bem tratado. Meu ponto tinha algumas matérias relativamente difíceis, como civil e comercial. O PGT só me perguntou civil, e acredito que tenha acertado quase tudo, embora em dado momento tenha dito não me recordo dentro de algum tema ou requisito específico e ele, ainda assim, ajudou-me a responder à questão. Indagaram-me também sobre: a) critérios técnicos que o membro do MPT deve levar em conta para pleitear o valor do dano moral coletivo (Dra. Gugel); b) liberdade sindical (Dr. Mauro); c) princípio da fungibilidade, requisitos da tutela antecipada, da medida cautelar e cabimento da tutela antecipada em sede de ação rescisória conforme jurisprudência do TST (Dr. Walmir); d) o momento de consagração dos direitos humanos na ordem internacional e objetivos da ONU (Dr. Jeferson); e) cláusula resolutiva, espécies, efeitos, e interpretação de cláusula ambígua em contrato de adesão (Dr. Otávio).

Sendo franco com os senhores e as senhoras, não dei nenhum "show business" - e esse nem era meu objetivo - mas saí da prova com a sensação de dever cumprido.

Mas o melhor momento de tudo isso é quando você termina o exame médico e diz a si próprio: "acabou"! Cheguei ao quarto do hotel, fiz minha mala, guardei os livros e pensei: "se tiver sido aprovado, nunca mais precisarei estudar direito civil nem comercial!!!". (kkkkkkkkk!)

Recomendo-lhes, também, que se você tiver condições e tempo, leiam todos os livros sugeridos nas dicas, pois são muito bons e dão uma bagagem teórica que servirá tanto para a 1ª fase como para as demais. São muitos livros, mas alguns têm 200 ou 300 páginas. Chega uma hora em que você lê tanto que debulhar um livro de 1300 páginas fica mais fácil que beber água. **E faça todos os cursos que o dinheiro e o tempo lhe permitirem!**

Se você tiver algum problema de motivação, há um tópico no Correioweb do MPF - "Águias do MPF" - que é motivacional. Há mensagens lindas lá. De vez em quando eu leio ou posto alguma mensagem de esperança e fé.

Acho que se você dedicar 3 horas por dia para estudar para o MPT, será o suficiente, já que até o próximo edital deve haver um intervalo dc 1 ano (atenção: isso é mera especulação, pois não tenho informação alguma de quando poderá sair novo edital, mas tudo indica que este ano não haverá). Há 34 cargos vagos, mais aposentadorias e futuras promoções (quinto constitucional ou interna na carreira). O MPT tem 770 cargos, 736 serão preenchidos com os 101 aprovados no XVI Concurso.

Sempre me mantive seguro e confiante para as próximas fases, sem deixar transparecer para ninguém qualquer clima de oba-oba, de já passou ou de arrogância, porque após cada prova saía com a sensação de dever cumprido.

Pessoal, desculpe-me se me delonguei sobremaneira, mas lhes havia prometido que escreveria algumas notas sobre minha preparação.

Agradeço a todos pela imensa e anônima torcida.

Um grande abraço,

Marcos G. Cutrim
Procurador do Trabalho do Ministério Público do Trabalho
The Rainmaker do Correioweb

CAPÍTULO 5

Dicas, estratégicas e metodologia de estudos.

Em primeiro lugar, por morar em Rio Branco - Acre, até a prova oral fiz **12 viagens**, no período de dezembro/2009 a setembro/2010: 3 para Porto Velho para fazer as provas de 1ª, 2ª e 3ª fases; 5 para São Paulo para fazer cursos (FMB, BFGT e CJT); 1 para Curitiba, mas quando cheguei lá o curso da EMATRA9 para 2ª e 3ª fases do MPT foi cancelado; 1 para o RJ para fazer o curso Toga (simulados para a prova oral); 1 para Brasília para assistir ao Fórum Internacional de Direitos Sociais (na volta do curso Toga, pois era caminho de casa); 1 para Brasília para fazer a prova oral. Custo total: em torno de R$ 30.000,00, considerando passagens aéreas, hotéis, cursos, livros, alimentação, táxi etc. (gastei em média R$ 3.000,00 por viagem).

Além disso, **FAÇAM TODOS OS CURSOS QUE O DINHEIRO E O TEMPO LHE PERMITIREM!** Todos têm seus pontos positivos e seus pontos negativos, mas sempre você aprenderá algo a mais em cada um deles.

Aproveite cada minuto do seu precioso tempo para construir seu capital intelectual: folgas, feriados, finais de semana, consultórios, trânsito, academia, voos etc. Depois do concurso você volta a fazer suas futilidades.

Por último, as dicas abaixo englobam as minhas dicas com as dicas do dossiê que fiz de outros candidatos aprovados (perseverar, marizinha, tito etc.).

Metodologia de estudos. Meu método de estudos baseia-se na leitura e grifo das principais ideias, institutos e novidades nos livros.

Só resumi as revistas da ANPT (da Associação Nacional dos Procuradores e das Procuradoras do Trabalho), à mão, com o objetivo maior de treinar a escrita para as 2ª e 3ª fases, do que como aprendizado. Ainda assim, os resumos serviram para fazer aquela rápida revisão antes das provas (subjetiva, prática e oral). Confesso que tenho uma séria dificuldade para elaborar resumos. Os que foram feitos, copiava integralmente as palavras do autor do texto.

A respeito de como enfrento as matérias, eu sempre preferi esgotar toda uma matéria para passar para a próxima. Esse método não é muito comum. Em geral, meus amigos me dizem que dividem a matéria por dia da semana, por exemplo: segunda - constitucional e administrativo; terça - trabalho e processo do trabalho, e assim por diante. Eu não gostei desse método. Prefiro esgotar uma matéria do edital para depois passar para a próxima. Então, li primeiro o livro do Gustavo Filipe (Curso de Direito do Trabalho) para depois ler o Renato Saraiva (Curso de Processo do Trabalho).

CAPÍTULO 6

1ª FASE: prova objetiva.

Para o "provão", o básico é a legislação seca, leitura das OJs e súmulas e resolução de provas.

Eu nunca tive o hábito de fazer resumos. Só resumi os artigos das revistas da ANPT, sobretudo para treinar escrita para as provas da 2ª e 3ª fases (mas isso nos estudos para as provas subjetiva e prática).

Para a primeira fase, tenho uma lista dos livros que me ajudaram, já avisando que tem que pegar a lei (CLT, CPC, CC/2002, Lei 7347/85, ECA, CDC, Lei 8112/90, Lei 8666, etc) e dar uma "decoradinha" nos principais artigos e nas Súmulas e OJs do TST. Basta isso! Não vai servir de nada, por exemplo, estudar Celso Antonio Bandeira de Mello para a primeira fase. Se você já fez isso, ótimo! Se não, é melhor estudar pelos livros concurseiros e pela legislação. Quem não gosta de ler lei tem que se esforçar... Sem esquecer, é claro, que é necessário ter um amplo domínio do direito e processo do trabalho, pelos menos uma doutrina de cada matéria.

Em determinados assuntos particulares sempre ler a lei de regência antes de estudar a doutrina no livro. Ex. FGTS: ler a lei 8.036/90; Doméstico: lei 5.859/72; Rural: 5.889/73; Temporário: 6.019/74; Portuário: 8.630/93; Entes Públicos (processo do trab.): Dec. Lei 779/69; Lei 5.584/70, etc.

Imprimir o Livro de Súmulas, Orientações Jurisprudenciais e Precedentes Normativos do TST (endereço: link jurisprudência, link Livro de Súmulas, Orientação Jurisprudencial, SDI 1 e 2, Precedentes Normativos, e encaderná-lo para estar sempre acessível para consulta).

Ler algumas convenções da OIT: 29 (trabalho forçado); 87 (liberdade sindical); 98 (direito de sindicalização e negociação coletiva); 105 (abolição do trabalho forçado); 111 (discriminação), etc. Há a Declaração de Princípios Fundamentais do Direito do Trabalho, da OIT, norma internacional que consolida as 8 principais convenções da OIT, que traduzem a atuação do MPT no Brasil (promoção da liberdade sindical e da negociação coletiva; erradicação do trabalho forçado; eliminação do trabalho infantil; promoção da igualdade de oportunidades em matéria de ocupação e emprego). É preciso ler todas as oito convenções (87, 98, 29, 105, 100, 111, 138 e 182)!

É importante ter uma estratégia de resolução da prova, ver quantas questões vai deixar em branco para diminuir ao máximo as anulações. Buscar fazer cerca de 60 pontos líquidos no mínimo. No último concurso a nota de corte foi 51. Mas o mais garantido é acima de 60%. Eu fiz quase 70% da prova (bruto).

E, ainda, treinar respondendo as provas anteriores do MPT e dos TRTs, acelerando o máximo possível sua velocidade de leitura e compreensão.

O grupo I cai em todas as fases e, na 1ª, corresponde a mais ou menos 70% da prova. Vale a pena investir tudo nesse grupo.

O grupo II, processo civil e administrativo, também é importante e corresponde a uns 15% da prova, mas não cai nas outras fases, quer dizer, cai na 2ª fase, mas nunca diretamente, apenas nas matérias vinculadas à atuação do MPT. Enfim, o grupo III é o que cai em menor percentual, tem gente até que nem estuda essas matérias. Eu não estudei previdenciário - pois fui chefe do setor de reclamação de JEF por mais de 5 anos e ajuizava mais de 30 ações previdenciárias por dia. Mas estudei as outras duas matérias.

Cursos recomendados para a 1ª fase:

a) **Curso FMB** (www.cursofmb.com.br - antes da primeira fase, eles oferecem um curso de final de semana; o curso é presencial, em São Paulo);

b) **Curso Toga** (www.cursotoga.com.br - independentemente de lançarem o edital, sempre tem curso voltados para o MPT. Eu fiz o de 1ª fase, os de 2ª e 3ª fase e os simulados mais as aulas para a prova oral. Os cursos são on line. O simulado para a oral é presencial. Quando você for ao RJ fazer o simulado, é porque você está com 80% no MPT);

c) **Curso Renato Saraiva** (www.renatosaraiva.com.br - tem curso direto, também. Fiz o de 1ª, 2ª e 3ª fases. Todos on line. Para a prova oral, não teve curso, pois o Renato Saraiva teve problemas pessoais). O curso fica em Recife - Pernambuco;

d) **Praetorium On Line** (www.praetoriumonline.com.br - tem umas aulas no Praetorium On Line - Carreiras Trabalhistas - que são show de bola, sobretudo de direito do trabalho e processo do trabalho. Cada aula, com duração de 1h40min, custa R$ 13,00).

CAPÍTULO 7

2ª FASE: prova subjetiva.

Na segunda fase (a pior, penso eu) é preciso estudar previamente temas atuais, polêmicos e importantes para o MPT: terceirização, cooperativas, trabalho escravo, infantil, discriminação, MAT (meio ambiente do trabalho), contratação sem concurso pela administração pública, direitos humanos... Tem que ser didático e mostrar na prova que tu tens muita vontade de ser Procurador do Trabalho!

Revistas do MPT e da LTR. Essas revistas são importantíssimas! Elas ditam o que está em discussão no mundo do Trabalho e ditam com certeza as questões que surgirão nas provas discursivas. Eu li mais as revistas do MPT (tem no site da ANPT – www.anpt.org.br), pois as da LTr são muito caras.

Sobre a segunda fase, ainda, os gabaritos que constam no site oficial do MPT dão uma ideia do problema. Mas teve gente que fugiu dali - e fundamentou muito bem - e que também passou.

O mais importante é focar nas coordenadorias do MPT, ver o que fazem, os precedentes (orientações), os temas mais atuais, enfim, é um estudo mais específico, dentro do trabalho que o MPT desenvolve. É muito legal ler as últimas revistas, acompanhar diariamente a página na internet (do MPT e do TST), ler as notícias que saem lá, além da leitura de livros com temas específicos, como greve, trabalho escravo, sindicatos. Dá uma grande bagagem teórica!

Direitos humanos estão na ordem do dia, no MPT. Na última prova, caiu uma questão específica sobre a teoria de Canotilho a respeito das funções dos direitos fundamentais. Por isso é importante também estudar a banca, ou seja, ver o que fazem os membros da banca, os livros que publicaram, as linhas que seguem, para tentar deduzir o que podem perguntar na prova. Já havia lido o livro do Ingo Sarlet (Eficácia dos Direitos Fundamentais), para entender as grandes teses relativas ao tema.

É importante responder questões dos últimos concursos da 2ª fase do MPT e da magistratura, para tentar ter mais rapidez na hora de responder a prova, pois ela realmente é muito longa e é preciso ter bastante organização com a questão do tempo. E não dá mesmo para fazer rascunho, pois não dá tempo. O que eu fiz foi um esquema básico, com tópicos, em cada uma das questões, e depois voltei respondendo. É interessante porque tem coisas que você vai lembrando depois, então dá para incluir enquanto está fazendo o esquema. Na hora da prova, eu dividi rigorosamente os minutos para o esquema de cada questão e os minutos para a redação da resposta e tentei seguir à risca.

Sugestão para fazer a prova de 2ª fase. Primeiramente, nas folhas para rascunho que eles fornecerem, fazer esboço do que vai escrever, na ordem em que vai abordar cada tema, separando uma folha de rascunho para cada questão e ir fazendo o esboço; feito o esboço da questão 1, passar para o esboço da questão 2, e assim por diante, pois, à medida que vai fazendo o esquema de uma questão, vai lembrando um ponto determinado que pode incluir na resposta de outra questão. Fiz isso em 15 minutos na minha prova.

Feito o esboço de todas as questões, aí sim começar a transcrever na folha de respostas, de acordo com a ordem de abordagem posta no esboço.

Só que o esboço é apenas um esqueminha, e somente com palavras chaves e artigos de lei, súmulas etc., claro que não dá tempo para rascunhar toda a prova e depois transcrever; o esboço é somente uma diretriz.

Quando você vai transcrever a prova, aí então é que você elabora, mentalmente, a redação, e já vai transcrevendo, e, se errar, risca e escreve de novo, foi assim que eu fiz.

Outra coisa: treinar escrever rápido e dividir o tempo de prova entre as questões, porque não adianta gastar 2 horas numa questão, e não ter tempo de responder direito às outras.

E mais: não dá tempo de transcrever artigos de lei ou súmulas ou OJS. Basta citar o artigo, com cuidado para citar o artigo, o inciso e o parágrafo corretos.

De resto, é tentar, ao máximo, demonstrar conhecimento. **CITAR TUDO O QUE VOCÊ SABE** com coesão e coerência, e, principalmente, aquilo que não for muito óbvio e já muito conhecido.

Para a 2ª etapa, é fundamental ler muito, ler bastante matérias específicas da atuação do MPT e sobre as questões da área de atuação do MPT: trabalho escravo, trabalho infantil, fraudes etc. Também é igualmente muito importante escrever, de preferência à mão e tentar escrever rápido, treinar escrever rápido.

É bastante válido ler as notícias na página da PGT, pois elas sinalizam a forma de atuação e o pensamento do MPT.

E ser o menos formalista possível, e sempre defender as possibilidades de atuação do MPT e de defesa dos interesses metaindividuais por parte deste. Atenção: não é defender a atuação do MPT de qualquer jeito em qualquer coisa, sempre ponderar qual a melhor forma de atuação do MPT diante da situação concreta, devendo-se em primeiro lugar buscar a via conciliatória (MP resolutivo) e só em último caso a ação judicial (MP demandista).

Cursos recomendados para a 2ª fase:

a) **Curso Toga** (www.cursotoga.com.br - o curso de 2ª fase engloba a 3ª fase também). Excelente! As aulas são imprescindíveis, sobretudo as aulas para a prova prática. O curso é on line;

b) **Curso Renato Saraiva** (www.renatosaraiva.com.br - as aulas do professor Flávio Gondim foram fundamentais. Ele abordou toda a atuação do MPT e os temas e as peças do momento na instituição). O curso é on line - e é um curso só para a 2ª e 3ª fases;

c) **Curso BFGT** (www.cursobfgt.com.br - o curso é presencial, normalmente em duas semanas. Você terá que ir duas vezes a São Paulo. O mais importante do curso é a professora Patrícia, juíza do TRT2, e a professora Ivani, desembargadora federal do TRT2 pelo quinto do MPT, que têm muita experiência na área). O curso é presencial, e engloba a 2ª e 3ª fases;

CAPÍTULO 8

3ª FASE: prova prática.

Terceira fase é treino! Daqui para lá há uma grande jornada. Tem que ir com tópicos prontos na cabeça, como: legitimidade, cabimento, competência, dano moral coletivo, tutela de urgência, requerimentos etc. É escrever todo dia até a prova, para ficar tudo bem estruturado na cabeça, porque na terceira fase o vilão é o tempo.

Na 3ª fase do XVI concurso do MPT caiu mais uma vez a ACP. Mas agora sobre trabalho infantil - atletas mirins -, dispensa coletiva, dispensa discriminatória e sindicato constituído irregularmente. Assim, é importante prestar atenção no que está acontecendo na instituição por meio do site. E ver o contexto que envolve a questão também. Pelo que percebemos, foram aceitas quase todas as teses sobre trabalho infantil. Então, tem que analisar bem a situação e como a instituição normalmente age em situações como aquela.

Para a terceira fase: muito treino!!! E não dá para perder tempo com tópicos clássicos (legitimidade, cabimento da acp, competência, DMC - dano moral coletivo, antecipação de tutela), a menos que eles sejam o próprio foco do problema. Tem que ir para a peça com ela toda mais ou menos na cabeça, resumos de terceirização, assédio moral, discriminação, trabalho escravo etc.

Sugestão para fazer a prova de 3ª fase. Se possível, já ir treinando simultaneamente com a preparação para a 2ª etapa, pois a 3ª é uma semana depois da 2ª, e uma semana é pouco tempo para se preparar. Na 3ª etapa, o importante é se preparar para a prova mais difícil que você imaginar, pois a banca não costuma pegar leve; além disso, ler as revistas do MPT/ANPT, ler as peças (ACP, ação anulatória, recursos etc.) e fazer também uma peça, a partir de uma questão colocada. Pegar as questões dos concursos anteriores e tentar resolver, no prazo de 5 horas (prazo da prova), até mesmo para verificar o que precisa ser melhorado.

Cursos recomendados para fazer a prova de 3ª fase:

a) **Curso Toga** (www.cursotoga.com.br - o curso de 2ª fase engloba a 3ª fase também). Excelente. As aulas são imprescindíveis, sobretudo as aulas para a prova prática. O curso é on line;

b) **Curso Renato Saraiva** (www.renatosaraiva.com.br - as aulas do professor Flávio Gondim foram fundamentais. Ele abordou toda a atuação do MPT e os temas e as peças do momento na instituição). O curso é on line - e é um curso só para a 2ª e 3ª fases;

c) **Curso BFGT** (www.cursobfgt.com.br - o curso é presencial, normalmente em duas semanas. Você terá que ir duas vezes em São Paulo. O mais importante do curso é a professora Patrícia, juíza do TRT2, e a professora Ivani, desembargadora federal do TRT2 pelo quinto do MPT, que tem muita experiência na área). O curso é presencial e engloba a 2ª e 3ª fases;

CAPÍTULO 9

4ª FASE: prova oral.

Na prova oral, o importante é o candidato ter muita confiança. Não temer e ***fazer o possível para não se autodestruir perante a banca***. É preciso trabalhar a autoconfiança todos os dias, sem que isso te leve a um estado de arrogância intelectual e de postura.

A prova oral do MPT não costuma reprovar em massa (no XVI concurso foram reprovados 9 candidatos; no XV, uns 4 reprovados). Tem que lutar apenas contra o nervosismo, que realmente é grande. Mas driblada a tensão do começo, vocês verão que as respostas fluem. Não se preocupem com isso ainda.

O ideal é não menosprezar essa fase, como se fazia antes. Como os pontos são sorteados na hora e abrangem qualquer ponto do edital (somente grupo I), é importante dar uma revisada, ainda que superficial, de todos os itens, para relembrar, sem estudar nada com profundidade, pois as perguntas são simples, mas são retiradas de um universo bem abrangente. E, no mais, é manter a calma e tentar ter tranquilidade. Eu esqueci algumas coisas na minha prova oral, mas procurei responder com serenidade o que eu sabia e falar alguma coisa mesmo quando eu não sabia. E, no final das contas, ainda que o conteúdo tenha um peso importante, é ainda uma prova de postura, de como a pessoa se sai em situações de pressão.

A prova oral é uma mistura da preparação da 1ª e da 2ª fase. Portanto, assim que tiverem o resultado positivo na 2ª etapa, e acharem que passarão na 3ª etapa, sugiro já ir estudando para a prova oral, pois, quando sai o resultado da 3ª etapa, talvez não tenha tanto tempo, além do que, há uma vasta documentação (certidões e títulos) para ser providenciada para a inscrição definitiva. Na prova oral eles olham também a postura do candidato, e, portanto, quem puder fazer um curso de oratória ou um simulado da prova oral (fiz um no Rio de Janeiro, no Curso Toga; e dois em São Paulo, no Curso CJT e no Curso BFGT), vale a pena. Na prova oral é fundamental manter a calma.

Quanto mais simulados você fizer, mais pronto você estará para enfrentar a banca. E não se esqueça: *o que define a São Silvestre é a subida da Brigadeiro*.

A oral é um problema à parte, o menor de todos, na real.

Cursos recomendados e simulados para a prova oral.

a) **Curso Toga** (www.cursotoga.com.br). O curso é excelente. A Dra. Tânia, dona do curso, é uma mãezona. Você se sente cm casa. O simulado é o mais específico para o MPT, pois tem Procuradores do Trabalho, Procuradores da República, Juízes do Trabalho nas bancas que ela compõe. O curso é presencial, antecedido de aulas on line. Estar no Toga, no Rio de Janeiro, é uma sensação muito boa, você estará junto à nata do concurso público no Brasil, trocando experiências e conhecimentos. O curso durou uma semana (sábado a sábado).

b) **Curso CJT** (www.cursocjt.com.br). Foi o primeiro curso que fiz. Foi um impacto. Embora tenha ido mais ou menos nos simulados, os dois juízes do trabalho - Ney e Maurílio - vão podando sua postura e te orientando a fazer uma excelente prova oral. O curso é presencial, em São Paulo. Durou 3 dias. Além disso, eles trabalham sua confiança e passam uma mensagem de fé, para esse momento tão crucial. Também recomendo;

c) **Curso BFGT** (www.cursobfgt.com.br). O simulado também é presencial. Normalmente, dois dias. O mais importante do curso neste momento é a professora Patrícia, juíza do TRT2, que tem um estilo bem durão e te desestabiliza na prova. E a professora Ivani, desembargadora federal do TRT2 pelo quinto do MPT, que tem uma excelente bagagem de direito constitucional e direitos humanos.

CAPÍTULO 10

Bibliografia básica para todas as fases.

É claro que você irá ler aos poucos. Eu tive que ler quase 100% desses livros em 11 meses de concurso (de outubro/2009 a setembro/2010), pois na 1ª fase foquei os livros de direito do trabalho (Gustavo Filipe) e processo do trabalho (Renato Saraiva) e sinopses (Comercial). O restante, li no decorrer das 2ª e 3ª fases e para a prova oral. De outubro/2009 a julho/2010, lia em média 100 páginas por dia.

Grupo I .

Constitucional: Gilmar Ferreira Mendes (Curso de Direito Constitucional – li no início de 2008) e Pedro Lenza (folheei). E artigos dos membros da banca. Leia sempre as notícias do TST e do site do MPT. Fiquem ligados no que está sendo discutido acerca das Adin´s e ADCs do momento. Leia também a CF na semana que antecede a primeira etapa. Importantíssimo! Caem questões que são a literalidade da Constituição.

Trabalho: o livro de Renato Saraiva + CLT, oj´s e súmulas (decorar!). Alice Monteiro de Barros (folheei), Vólia Bonfim (olhei na Livraria) ou Godinho para segunda fase. Godinho tem uma leitura mais difícil, mas se vocês lerem os principais capítulos dele, não precisarão de mais nada até para a prova oral... Gostei muito e li o livro completo do Gustavo Filipe Barbosa Garcia para a 1ª fase (Curso de Direito do Trabalho).

Processo Trabalho: Renato Saraiva. Sem dúvida. Ou Mauro Schiavi. É a matéria mais carente de livro concurseiro e o de Renato é o único bom voltado para as provas. Carlos Henrique Bezerra Leite também para a segunda fase, tanto o de Processo do Trabalho quanto o do Ministério Público do Trabalho (esse é obrigatório para a segunda fase!).

- Manual de Direito do Trabalho – mais indicado: Godinho. Li algumas partes do Godinho e estudei mesmo pelo Gustavo Felipe. O da Alice Monteiro de Barros também é muito utilizado.

- Manual de Processo do Trabalho – mais indicado: Renato Saraiva (é o curso, para 1ª e 2ª fases; e o da Série Concursos para a prova oral como revisão), Carlos Henrique Bezerra Leite (este para a 2ª fase). Mauro Schiavi tem um livro razoável também de processo do trabalho.

- Direitos Humanos – Flávia Piovesan e Ingo Sarlet são imprescindíveis.

- Regime Jurídico – livro do Carlos Henrique (Ministério Público do Trabalho) e leitura da Lei.

- Civil e Comercial – sinopses da Saraiva e lei seca.

Grupo II.

Administrativo: Não estudei direito administrativo para o concurso. Contudo, alguns colegas me disseram que estudaram direito administrativo por Marcelo Alexandrino e Vicente Paulo (Impetus). É um livro completo. Além, claro, das principais leis (servidores, licitação, improbidade administrativa etc.). Quem ainda tiver pique, é bom ler os principais capítulos de Celso Antonio Bandeira de Melo para segunda fase, mas só se der mesmo.

Processo Civil. Livro de Elpídio Donizete (fantástico, extremamente concurseiro), Daniel Assumpção (tem um livro excelente também, mas não li todo por falta de tempo) e leitura obrigatória dos artigos CPC (ou pelo menos dos principais, intervenção de terceiros, recursos, ministério público, tutelas de urgência etc.) e da Lei de ACP (Lei 7347/85). Depois, Alexandre Freitas Câmara (se puder já começar por ele, é melhor...) e artigos de revistas. Processo Civil sempre tem um tema na moda. Renato Saraiva facilitará isso para vocês. Se tiver tempo para ler só um desses, recomendo que se escolha ou o do Elpídio Donizete, ou o do Daniel Assumpção.

Grupo III.

Penal, Previdenciário, Internacional, demais matérias: Só as leis/códigos!!! Não tem para onde correr... Mesmo sem gostar, repito, tem que se esforçar. Quem não ler a lei, não passa (desculpem o radicalismo).

Livros específicos:

últimas revistas do MPT (dá para baixar no site da ANPT);

livro sobre Trabalho Escravo (Jairo Sento Sé estava na banca do XIV Concurso);

livro sobre Direito Sindical (José Cláudio Monteiro de Brito);

livro sobre ação civil pública: (a) Ação Coletiva na Visão de Juízes e Procuradores do Trabalho; b) Ação Civil Pública - Carlos Henrique Bezerra Leite; c) Ação Civil Pública - Raimundo Simão de Melo - todos da editora LTr);

livro sobre responsabilidade civil (José Afonso Dallegrave);

livro sobre danos morais coletivos (Xisto Tiago de Medeiros);

livro sobre meio ambiente do trabalho (Raimundo Simão de Melo);

leituras sobre trabalho infantil, discriminação no trabalho, inclusão de pessoas com deficiência, assédio moral e sexual e tudo o mais que estiver sendo combatido pelo MPT;

é importante também acompanhar os entendimentos recentes do STF e do TST;

Ingo Wolfgang Sarlet – Eficácia dos Direitos Fundamentais;
Trabalho Decente - José Cláudio Monteiro;

Constituição e Reforma trabalhista – Mauro Menezes;
Direito do Trabalho (Renato Saraiva) e Processo do Trabalho (Renato Saraiva), ambos para concursos;

O MPT como Promotor dos Direitos Fundamentais - livro da ANPT, da editora LTr;

Raimundo Simão de Melo (todos os livros dele, se possível);

Notícias do TST - ler as notícias do site todos os dias (www.tst.jus.br);

Notícias da PGT e das PRTs - ler as notícias no site todos os dias (www.pgt.mpt.gov.br);

Curso de Direito do Trabalho, Gustavo Filipe Barbosa Garcia, mais simples e didático que o Godinho, que tem que ser lido com antecedência;

Livro Relações Atípicas de Trabalho - Rodrigo de Lacerda Carelli - fala sobre terceirizaçao, trabalho temporário, estágio etc.;

Curso de Direito do Trabalho - Maurício Godinho;

Ministério Publico do Trabalho - Carlos Henrique Bezerra Leite;

Direito Sindical - José Cláudio Monteiro de Brito Filho;

Ação Coletiva na Visão de juízes e procuradores do Trabalho - Obra coletiva – LTR;

Efetividade dos Direitos Humanos Trabalhistas - Cícero Rufino Pereira;

Direitos Metaindividuais – Carlos Henrique Bezerra Leite, coordenador;

Direito Humanos – Carlos Henrique Bezerra Leite;

Indenização por acidente do trabalho ou doença ocupacional - Sebastião Geraldo de Oliveira - LTR. Específico para o tema dos acidentes de trabalho;

Direito do Trabalho Contemporâneo, Christiana D'arc Damasceno;

Processo Coletivo do Trabalho – Raimundo Simão de Melo (aliás, todos os livros do Raimundo Simão de Melo e do Carlos Henrique Bezerra Leite, pois ambos são procuradores do Trabalho);

Arion Syon Romita – Direitos Fundamentais nas Relações de Trabalho;

Fábio Goulart Vilela – Estudos Temáticos de Direito do Trabalho.

Renato Saraiva – o Curso de Direito Processual do Trabalho (1ª fase); Processo do Trabalho – Série Concursos (prova oral) e Direito do Trabalho – Série Concursos (1ª fase – se der tempo – e prova oral, como revisão).

Sugestão de livros PARA SEREM LEVADOS NO DIA DAS PROVAS DE 2ª E 3ª FASE:

a) Vademecum Trabalhista – Editora Rideel;

b) Legislação Internacional do Trabalho – Gustavo Luís Teixeira das Chagas, editora Juspodivm;

c) Vademecum – Editoral Rideel ou outro vadecum com o qual você esteja acostumado, de preferência que tenha a LC 75/1993 integral;

d) CLT – LTr.

CAPÍTULO 11
Rumo à Posse!

Aproveito a oportunidade para fazer um agradecimento especial aos amigos que acompanhei e com quem dividi angústias, aprendi e me desenvolvi sobremaneira nessa caminhada. Um verdadeiro exército de novos procuradores!

Agradeço, por fim, aos professores dos cursos, pelo aprendizado adquirido em todos os cursos e pelas oportunidades.

- Ô, Marcos, e como fica a vida pós-concurso?

Não vou contar, senão perde a graça...

Isso é tudo, pessoal! Bons estudos.

E rumo à posse!

The end.

Marcos G. Cutrim | *"The Rainmaker* do Correioweb".
Deus é fiel!

CONCLUSÃO

A conclusão não constava do relato inicial postado no site Correioweb, em setembro de 2010.

E por isso resolvi escrever vindo do futuro, em fevereiro de 2023.

Passados mais de 12 anos (e é natural que a gente romantize o passado, achando que as coisas foram mais fáceis, mas não foram mesmo!), hoje tenho a firme convicção de que o caminho para chegar ao cargo de Procurador ou Procuradora do Ministério Público é estreito, árduo e requer uma dose extra de dedicação.

Eu realmente acredito que um estudo direcionado, focado e de alta intensidade, depositando toda a sua energia em um determinado período de tempo (1 ano, por exemplo), é capaz de fazer você ser aprovado nos concursos mais difíceis do país.

E, para isso, para ser aprovado num concurso dificílimo, não tem idade, não tem hora, não tem condição social, não tem gênero: você precisa largar as suas desculpas, fazer o básico bem feito, gostar muito de ler e aumentar seu poder de concentração e leitura.

Se eu pudesse voltar no tempo, ao ano 2009, faria a mesma coisa que fiz para ser aprovado: entenderia a dinâmica do concurso e do edital; estudaria todo o conteúdo, fase a fase; faria todos os cursos que o dinheiro me permitisse; leria todos os livros principais para o concurso; buscaria entender a visão da instituição sobre os temas que lhes são mais caros (no Ministério Público do Trabalho, sem sombras de dúvida, esses temas são os direito sociais, os direitos humanos e a tutela coletiva trabalhista); treinaria todas as provas da 1ª a 4ª fases. E quanto à 5ª fase, eu produzia títulos desde a faculdade (se você que está me lendo ainda for estudante de direito), publicando artigos, livros, fazendo pós-graduação etc. Acessaria, diariamente, o site do órgão para entender o que a instituição de fato faz no dia a dia.

Hoje, provavelmente você encontrará bibliografias mais atualizadas e cursos ainda mais especializados no concurso do Ministério Público do Trabalho. E caso seu foco seja outro concurso, você deve buscar os cursos específicos e mais bem avaliados para direcionar seus estudos.

Num mundo onde as pessoas estão cada vez mais dispersas, eu acredito que, para uma boa rotina de estudos, você deve ter o seu cantinho, boa iluminação, boa poltrona (daquelas confortáveis tipo gamer) e um suporte de leitura para ler os livros físicos na vertical (eu tenho até hoje um suporte de Bíblia que comprei em 2005, de madeira, na feira da Torre de Brasília).

Por fim, mas não menos importante, você deverá encontrar o tempo disponível que você é capaz e lhe é possível para se dedicar apenas aos estudos (a geração Z, por exemplo, ama o método Pomodoro de paradinhas a cada 25 minutos com descanso de 5 minutos) com foco total, e deixar de se comparar aos outros (porque cada um tem a sua história, as suas dificuldades, as suas virtudes, os seus talentos, as suas limitações). Tem gente que nasce com tudo, desperdiça todas as oportunidades e vive depois de um tempo sem nada. Mas tem gente que nasce sem nada, aproveita as principais oportunidades e constrói uma vida incrível.

Você deverá encontrar a sua melhor versão de estudante/concurseiro e, se puder, ter uma alimentaçao a mais saudável possível, praticar atividade física (nem que seja 15 minutos de alta intensidade, 5x por semana), sem deixar de dar atenção com tempo de qualidade (ainda que reduzido) para as pessoas que você ama e para as pessoas que amam você.

E se você tem problemas com leitura, aprenda a ler direito, faça cursos relacionados, tais como cursos de leitura dinâmica.

Faça tudo isso de modo constante e disciplinado, durante um ano, e depois me conta lá nas minhas redes sociais se você conseguiu ter melhores resultados.

E seja a primeira pessoa a cuidar de você mesmo e acreditar em seus potenciais.

E rumo à posse!

Terra da garoa, 28 de fevereiro de 2023.
Marcos G. Cutrim

Conheça meus canais e minhas redes sociais:

Páginas:
https://marcoscutrim.com.br
https://marcoscutrim.com.br/servidor-rico/

Youtube:
https://www.youtube.com/user/marcosg.cutrim

Instagram:
@marcosg.cutrim

Tik Tok:
@marcosg.cutrim

SINOPSE

Em *Rumo à Posse! Como passei (de primeira) em um concurso público dificílimo?*, o autor Marcos G. Cutrim narra com muita emoção as estratégias que utilizou para ingressar no Ministério Público da União, no cargo de procurador do Ministério Público do Trabalho, detalhando seu método de estudos e contando um pouco de sua trajetória de vida, de concurseiro e de serviço público. O manuscrito foi lançado em ambiente virtual há 12 anos e, desde então, inspirou uma geração de concurseiro e concurseiras que também conseguiram aprovação num dos concursos públicos mais difíceis do Brasil. Depois de ler essas páginas, você nunca mais aceitará que alguém te diga que algo é impossível de ser conquistado.

Milton Keynes UK
Ingram Content Group UK Ltd.
UKHW031827140224
437844UK00014B/1382